Augenblicke des Seins

Prosaische Gedichte über Liebe, Sehnsucht, Schmerz
und all die anderen Dinge unseres Seins

AF271863

Zitat:

Das Amt des Dichters ist nicht das Zeigen der Wege,
sondern vor allem das Wecken der Sehnsucht.

Hermann Hesse

Hagen Berger

Augenblicke des Seins

Originalausgabe
ISBN 3-89811-162-8
© 1999 Hagen Berger
1. geänderte Auflage im Januar 2000
Alle Rechte liegen beim Autor
Umschlaggestaltung: Hagen Berger
Titelfoto: Jörg Eidner
Druck: Libri Books on Demand
Printed in Germany

Vorwort

Gibt es denn Dinge, die noch nicht gesagt wurden? Es gibt so viel Literatur und Gedichte und Abhandlungen über das Leben oder die Liebe. Aber die Literatur ist genauso unerschöpflich wie das Leben selbst, denn Literatur entsteht aus dem Leben heraus und nur dann ist sie auch lebendig.
Manchmal überfallen einen die Worte, Träume oder Ideen und man ist so angefüllt damit, dass man glaubt platzen zu müssen. Dann muss man es niederschreiben oder hinausschreien in die Welt. Aber wer hört noch die Schreie einsamer verzweifelter Menschen? Es gibt immer weniger Menschen in unserer Mitte, deren Seele leuchtet wie ein Stern in der Dunkelheit und uns den Weg weist in die Richtung der wirklich wichtigen Dinge. Schreiben ist wie das Leben – es verändert sich und genauso ändert sich auch die Sicht auf die Dinge, die sich um uns bewegen. Wir sind nicht der Mittelpunkt der Welt, aber wir können danach suchen, jeder auf seine eigene Weise.

Als Kind las ich sehr viel und hatte schon immer den Traum, selber zu schreiben. Bereits mit 12 Jahren las ich Werke von Balzac. Später dann auch vieles andere wie Aragon, Jean Cocteau oder Henry Miller. Aber auch Thomas Mann, Hermann Hesse oder Rilke haben mich fasziniert. Die französische Literatur hat mich schon frühzeitig gefesselt und das tut sie immer noch. Natürlich fehlt heute oft die Zeit zum Lesen, vor allem wenn man selber schreibt. Viele Geschichten entstehen im Kopf und die Zeit, um sie niederzuschreiben, fehlt einfach. Mein erstes Gedicht entstand vor ungefähr 12 Jahren, als ich sehr unglücklich verliebt war. Ich schrieb auch einige Erzählungen, die bis heute nicht ganz vollendet sind. Lange Zeit habe ich dann nichts mehr geschrieben, der Job, andere Interessen usw. Erst 1995, als ich Amerika Online (Internetanbieter) kennen lernte, fing ich wieder an zu schreiben. Inspiriert von Gesprächen mit Leuten aus Europa und Amerika, begann ich wieder zu schreiben über Dinge, die mich bewegten. Viele interessante Menschen lernte ich dadurch kennen und auch ich selbst fing wieder an, über mich und das Schreiben nachzudenken.

Also begann ich Augenblicke und Erlebnisse in Worte zu fassen. Ich versuchte Momentaufnahmen zu formulieren und diese in Form eines Gedichtes darzustellen. Seit einem Jahr arbeite ich an einem Roman und an einem Buch mit mehreren Erzählungen.

Der Maler Jan Zaremba sagte mir einmal, »als Autor sollte man jeden Tag mindestens eine Zeile schreiben oder, wie er, jeden Tag mindestens einen Pinselstrich ziehen«. Leider lässt sich das nicht immer verwirklichen, aber es ist ein Ziel. Es hält den Geist flüssig und spontan. Einige meiner Gedichte habe ich Freunden aus AOL gewidmet oder anderen Menschen, denen ich online bzw. persönlich begegnet bin.

Am Anfang meines Buches finden Sie sehr traurige Gedichte, die ich vor ungefähr 12 Jahren geschrieben habe. Damals war ich sehr unglücklich verliebt. Die Gedichte sind aber nicht alle so traurig und düster. Sie zeigen nur die Entwicklung meines Schreibens.

Oft fragten mich Leute, denen ich Leseproben schickte, wann man das Buch kaufen könne und ich war immer ratlos, wie ich es wohl anfangen könnte, meine Texte zu veröffentlichen. Manchmal waren es auch Menschen, die sonst keine Gedichte oder Literatur lesen, aber meine Texte nachempfinden konnten. Erst durch Books on Demand habe ich die Möglichkeit, meine Texte einem größeren Publikum vorzustellen ohne lange mit Verlagen verhandeln zu müssen.

Ich danke dem Fotografen Roger Melis für die Genehmigung, zwei seiner Fotos für mein Buch verwenden zu dürfen. Die Fotos aus seinem Buch „Paris zu Fuß" sind seit über 10 Jahren eine Quelle der Inspiration für mich.

Die Fotos von Jo Grabowski und Jörg Eidner durfte ich auch mit freundlicher Genehmigung für mein Buch verwenden. Ein Teil der Fotos und Bilder hat mich zu neuen Texten inspiriert.

Großer Dank gilt auch Jan Zaremba, der mich in meinem Schreiben bestärkt und mit seinen Bildern auch sehr beeinflusst hat. Es freut mich sehr, auch Bilder von ihm in meinem Buch zu haben.

Weiterhin gilt mein Dank der Galerie Müller (Grafikangebot Müller), Großpösna – bei Leipzig, für die Unterstützung bei den Bildern von Jan Zaremba. Übrigens sind Bilder von Jan Zaremba über diese Galerie zu beziehen.

Meinungen und Betrachtungen zu meinem Buch können Sie per E-Mail unter folgender Adresse an mich richten:

Hagen.Berger@gmx.de

oder meine Internetseiten aufsuchen unter: www.hagen-berger.de,

um Informationen zu mir oder meinen Buchprojekten zu bekommen.

Informationen zu dem Fotografen Joachim Grabowski finden Sie unter:

http://www.jograbi.de

und unter:

http://www.snafu.de/~eidner/

finden Sie Informationen zum Fotografen Jörg Eidner.

Hagen Berger

Als sie fort war

Ich bin allein,
niemand hört mir zu.

»Das ist Einsamkeit.«

Ich spreche zu einer
grauen Katze,
sie schaut mich nur an.

»Das ist Einsamkeit.«

Meine Träume sind
voller Schmerz
und Verlangen.

»Das ist Einsamkeit.«

Ich schreie gegen Wände.
Sinnlos,
sie kann es nicht hören.

»Das ist Einsamkeit.«

Nachts sitze ich am Fenster,
sehe in den Sternenhimmel
und weine, weine …

»Das ist Einsamkeit.«

Alles, was ich sehe,
alles, was ich fühle,
ist voll von Einsamkeit,
denn:

»Sie ist fort!«

Foto: Jörg Eidner

Mitternachtslied

Der Wind weht kalt
über einen dunklen See.
Ich sitze am Ufer
und sehe den
Wellen zu.

Der Mond spiegelt sich
im Wasser.
Sein Licht ist so kalt.
Meine Träume
sind einsam und traurig.

Ein kleiner Junge
mit einer großen Laterne
kommt vorbei.
Er lacht und schaut den Mond an.

»Gibt es Menschen dort?«, fragt er.

»Nein«, sage ich und er fragt
nun mit großen Augen:

»Warum?«

Was soll ich ihm sagen?
Wortlos dreht er sich um
und geht.

In der Ferne zwischen
den Bäumen tanzt
noch die Laterne.

Der Mond ist
verschwunden.

»Ich geh' nach Haus!«

Ich und das Nichts

Ich stehe vor dem schwarzen
endlosen Abgrund.

»Das absolute Nichts.«

Es ist anziehend
und abstoßend.
Todessehnsucht
und Lebenswille.

Beides ist in mir.
Tod und Leben.
Sie kämpfen
gegeneinander
jeden Tag.

Keiner ist Sieger
in diesem Moment.

Sie stehen sich lauernd
gegenüber, um sich
im nächsten Augenblick
wieder aufeinander
zu werfen.

»Oh,« kranke Seele,
welcher Schmerz.
Heute besiegst du das Nichts
Aber was wird morgen sein?

Schmerz

Ich stehe im Regen, denke an sie,
Erinnerung an all die Stunden in
einsamen Cafés.

»Die ich so vermisse.«

Nächte ohne Ende,
die meine Einsamkeit vertrieben.
Sie war so zerbrechlich
und zart wie Porzellan.

Ihre Augen sagten so viel.
Als ich begann zu lügen,
bekamen sie einen
traurigen Glanz.

Sie glaubte mir und ich
glaubte an nichts.
Als ich zu glauben begann,
ging sie fort.

Lügen haben sie gebrochen
und ich war blind.
Hilflos stehe ich vor dem
Café, wo wir uns trafen.

Da sitzen nur fremde Leute!

»Sie lachen über mich.«

Ich spüre den Regen nicht
und in meinem Kopf
sind nur Ruinen.

»Der Wind ist kalt.«

Foto: Hagen Berger
(Notre Dame – Paris)

Morgen in Paris

Es graut der Morgen
über der Stadt und berührt
sanft die Dächer.
Sie steht auf dem Balkon
und fühlt ihn mit jedem
Windhauch.

Was wird der Tag wohl bringen?
Einen Blick, einen Kuss,
ein Lächeln oder einen
Traum, der wahr wird?

Es ist alles offen, aber
nicht einfach.
Wo liegt der Sinn, wo
die Antwort und wer stellt
die Fragen?

An diesem Morgen spürt
sie ihr Herz und ihre Seele
wie ein Feuer.
Stärker als es je ein Mann
entfachen konnte.

Liebe liegt im Augenblick
und berührt Dich
oder geht vorbei.
Niemand kann sie halten
oder bestechen.

Dieser Morgen hat etwas
Unschuldiges und Reines.
Die ersten Sonnenstrahlen
glitzern auf ihrem Haar.

Dieser Morgen zaubert ein Lächeln in ihr
Gesicht und ihre Augen funkeln
in der Morgensonne wie Diamanten
aus dem Morgenland.

»Was kann schöner sein als dieser
Moment des Glücks?«

Foto: Jörg Eidner

Augenblicke

Die Sonne taucht ins Meer.
Stille überzieht die Lagune.
Tränen auf ihren Wangen
glitzern in der Abendsonne.

Sanft wandert ihr Schatten
über den Sand.
Sie spürt die letzten
Sonnenstrahlen in ihrer Hand.

Die Nacht wird kommen
mit all der Trauer und Sehnsucht.
Dann schaut sie zu den Sternen
und hofft auf ein Signal oder
eine Antwort aus dem All.

Nur manchmal leuchten
ihre Augen wie Sterne.
Wenn sie im Mondlicht
in der Lagune tanzt.

In Nächten wie diesen
spürt sie ihr Herz und fühlt
sich so unendlich »frei«.

Nur in wenigen Momenten,
Blicken, Begegnungen kann
sie das Glück fühlen, aber
oft geht es an ihr vorbei,
weil sie es nicht halten kann.

Oft wünscht sie sich, den Hauch
der wahren Liebe in ihrem Herzen
zu spüren und auf der Haut, aber
wo ist der Zauberer, der das
vollbringen kann?

Foto: Jo Grabowski

Der Mond und ich

Einsam strahlt der Mond heut' Nacht.
Davon bin ich aufgewacht.
Das gab mir zu denken.
Der Mond versucht, meine Gedanken
in seine Richtung zu lenken.

Silbern glänzt das Mondlicht auf den Dächern
wie ein Schleier der Ruhe.
Tausend Gedanken durchblitzen
meinen Kopf und ich weiß nicht, was ich tue.

Das Licht durchdringt meine Seele
und bringt sie zum Schwingen.
Sie steigt empor mit Engelsflügeln
und versucht, zum Universum durchzudringen.

Nacht um Dich

Manchmal umschließt Dich die Nacht
wie ein seidenes Kleid.
Du fühlst ein wenig Angst und einen
Schauer auf Deiner Haut.

Dann spürst Du die Lust auf etwas
Neues, Besonderes in Dir.
Ein Wunder, ein Stern am Himmel.
Oder nur ein Traum?
Was wird es sein?

Du läufst durch Straßen ohne Ziel,
suchst die Antwort,
aber wer bringt sie Dir?

Der Mond glitzert auf den Wellen.
Du stehst einsam am Strand.
Mit dem Schlüssel für all die
Wunder in Deiner Hand.

Du fühlst die Ruhe in Dir.
Die absolute Ruhe, oder
ist es die Ruhe vor dem Sturm?
Wer weiß das schon?

Ein Lächeln liegt in der Luft.
Du greifst es Dir, gehst nach Hause
und es ist immer noch Nacht
in diesem Land.

Schatten

Manchmal sind sie um Dich
oder verfolgen Dich.
In dunkler Nacht oder bei
hellem Mond.

Sie kommen aus der Vergangenheit.
Manchmal aus dem Nichts.
Sie martern Dein Hirn oder
umschlingen Dein Herz.

Manchmal ist er unerträglich,
dieser Schmerz.
Dann läufst Du zu den Brücken
und schaust in die Wellen.

»Was nur kann in diesem Moment
Dein Dasein erhellen?«

Foto: Jörg Eidner

Sommerabend

Es ist sehr heiß.
Die Abendsonne glüht
am Horizont.
Ich sitze in einem Café
und warte auf den Mond.

Eiskrem schmilzt auf
meiner Zunge.
Ich denke an Mozart
und Küsse am Strand.

Sie kam aus dem Meer,
nahm meine Hand,
küsste meinen Mund,
meine Augen
und verschwand.

Mein Eisbecher ist leer.
Eine schöne Frau
lächelt mich an.

»Vielleicht geh ich zu ihr rüber,
und dann?«

Mitternacht

In einem Park um Mitternacht
sitze ich allein und lausche
den Stimmen der Nacht.

Sterne funkeln am Horizont
und mittendrin
lacht der Mond.

Ein Reh schaut mich
verwundert an.
Was macht der hier
der verrückte Mann?

Sternschnuppen
verglühen am Himmel.
Niemand sieht es
im Sternengetümmel.

Liebespaare wandeln
zwischen den Bäumen.
Wer außer ihnen hat denn
noch Zeit zum Träumen?

Alles dreht sich.
Alles ist klar.

»In diesem Moment weiß ich,
das Leben ist wunderbar!«

Reisen

Tag für Tag
zieht es Menschen
hinaus ins Land.
Manch einer
ist fortgerannt.

Weg von zu Hause.
In eine andere Stadt.
In ein anderes Land.
Manchmal geht es uns dort
besser als hier in
unserem Land.

Weg von den Problemen
und der Einsamkeit zu Haus'.
Entspannung in der Sonne
oder bei einem romantischen
Abendschmaus.

In der Nacht wachen die Sterne
über uns, egal ob am Strand
oder in den Bergen.

Wir reisen gern nach hier und dort.

»Egal wohin, nur weg — von diesem Ort!«

Foto: Jörg Eidner

Herbst

Regen peitscht stürmisch
durch die Straßen.
Bunte Blätter tanzen wie
kleine Engel im Wind.

Menschen sitzen
in kleinen Cafés.
Träumen von Liebe
und den Tagen des Sommers.

Alles wird kühler draußen.
Mancher erwärmt
sein Herz aufs Neue
für einen Menschen
oder das Leben.

Der Herbst kann dir so viel geben.
Wandere durch bunte Gärten
oder Wälder und spüre
den Regen auf Deiner Haut.

Finde heraus, wer Du wirklich bist.
Nimm Dir Zeit dafür.
Denn der Herbst mit seinen
bunten Blättern ist
zu allem bereit.

Foto: Jo Grabowski

Erwachen

Deine Augen leuchten.
Dein Mund lächelt mir zu.

»Was mag es nur bedeuten?«

Sag mir, was Du fühlst!
Sag mir, was Du willst!

Dein Anblick erinnert
mich an Feen aus
Märchen meiner Kindertage.

Dieser Moment hat
etwas Magisches, Geheimnisvolles,
voller Sehnsucht nach Berührung
und sich fallen lassen.

»Gib mir Deine Hand!«

Vertrau mir
und wir gehen in ein neues,
unbekanntes Land.

Morgengrau

Die Rose öffnet sich,
wenn der Morgen graut.
Was soll man sagen,
wenn man in leuchtende
Kinderaugen schaut?

Grauer Himmel streckt
sich der Sonne entgegen.
Kalte Schatten liegen
über dem Land.
Es wird wohl
Regen geben.

Das Leben scheint einfach
und ist doch so schwer.
Manchmal ist es voller
Rätsel und manchmal so leer.

Die Zeit zieht an Dir
vorbei wie ein Zirkus,
in dem du der Clown bist,
um den sich alles dreht.

Jeden Morgen kommt
ein neuer Tag auf Dich zu.
Manchmal wünschst
Du Dich weit weg zu
unendlicher Ruh'.

Sommertag

Vögel zwitschern
in den Bäumen.
Kinder spielen
laut im Sand.

Ein Raunen und Rascheln
liegt in der Luft.
Leise Stimmen aus der
Ferne dringen zu Dir
wie der Sommerduft.

Du träumst vom Meer
und von sanften Wellen.
Ein Spaziergang am Strand
würde diesen Tag erhellen.

Odyssee

Fackeln im Wind.
Das Leben zieht vorbei.
Du stehst im Regen
und suchst den Sinn.

Graue Wolken am Horizont.
Traurige Engel am Himmel.
Betrogene Frauen sitzen
weinend in Cafés.

Taxifahrer tanzen
in den Straßen.
Ballerinen singen
Arien auf Springbrunnen.

Männer küssen Frauen
in dunklen Ecken.
Wo mag sich wohl
die Liebe verstecken?

Alles dreht sich

Bilder tanzen in Deinem Kopf.
Erlebnisse von damals und
heute vermischen sich.

Wo stehst Du?
Wo willst Du hin?
Wo ist der Weg?
Mit wem willst Du gehen?

Abschied am Bahnhof.
Ein Neuanfang
oder das Ende?
Wer weiß das schon?

Fragen brennen
in Deinem Kopf.
Wo ist der Weise
aus dem Morgenland?

Da stehst Du nun
und alles dreht sich
um Dich.

»Du lächelst und möchtest einfach nur fliegen.«

Foto: Jörg Eidner

Wintertag

Schnee glitzert wie Kristall.
Du spürst die Kälte überall.

Schneeballschlacht
und Kinderlachen.
Du denkst an verlorene
Dinge und andere Sachen.

Schneemänner auf
Straßen und Plätzen.
Frauen in Cafés,
die ihre Männer versetzen.

Du wanderst durch
endlose weiße Wälder.
Schneeflocken tanzen
im Mondlicht und
Du fragst Dich:

»Warum sind all die Dinge so?«

Foto: Hagen Berger
(ein Haus in Leipzig – Gohlis)

Das Haus

Manchmal besucht sie
das Haus ihrer Träume.
Sie möchte es
in Besitz nehmen.

Alle Schönheit würde
sie hervorzaubern.
Den Charme der alten Zeit
wieder sichtbar machen.

Wenn das Bild des Hauses
in ihrem Geist entsteht,
malt sich ein Lächeln
in ihr Gesicht.

Ein Zauberer wird kommen
und ihr das Haus schenken.
Damit sie niemals:

»Ihr traumhaftes Lächeln verliert!«

Foto: Jo Grabowski

Liebe und Wahnsinn

Sie sagte Dir nie,
was sie fühlte,
und zerriss
Dein Herz.

Sie ließ Dich allein
mit dem Schmerz.
Trieb Dich in den Wahnsinn
und genoss:

»Dein Leid!«

Verliebt in eine Illusion,
die zerbrach wie
ein Alptraum, wenn
der Morgen graut.

Manchmal spürst Du
noch den Schmerz,
wenn Du an sie denkst,
und mit einem
traurigen Lächeln
schließt Du das:

»Buch der Vergangenheit!«

Foto: Hagen Berger
(chinesisches Teehaus in Potsdam - Sanssouci)

Der beste Freund

Wir saßen oft im Park
in lauer Sommernacht.
Tranken roten Wein.
Redeten über Philosophie
und die Schönheit der Frauen.

Wir sprachen oft über wahre
Liebe und ihren Schmerz.
Aber nicht jedem war es
vergönnt sie zu finden.

Wir weinten zusammen,
wenn unser Herz zerbrach.
Wir lachten zusammen
und hatten unseren Spaß.

Wir tanzten zusammen,
umringt von jungen Frauen.

Sangen Lieder in dunkler Nacht
und nichts auf dieser Welt
hat uns je auseinander gebracht.

Foto: Jo Grabowski

Der Morgen danach

Ich erwache am Morgen
und die Sonne streichelt
sanft deinen Körper.

Dein Anblick ist
wunderschön und ein
sinnliches Lächeln malt
sich in Dein Gesicht.

Ist es ein Traum oder
das Sonnenlicht, das
Dich in diesem Moment
zum Lächeln bringt?

Ich gehe raus in den Tag,
spüre noch Deine Lippen
auf meiner Haut
und:

»Fühle Dein Lächeln in meinem Herzen!«

Jetzt und hier

Wo ist das Licht?
Wo ist der Sinn?

Armeen gescheiterter
Zeitgenossen
durchstreifen das Land.

Wo ist die helfende Hand?
Wo ein freundliches Wort?
Wo gehen wir hin?
Wo ist das Ziel?

Wir laufen in verschiedene
Richtungen und keiner
weiß, warum.

Tausend Fragen
und die Antwort liegt
manchmal nur einen
Schritt weit entfernt.

»Jetzt und hier stehen wir und warten!«

Öffne Deine Augen

Die Welt ändert sich
mit jedem Tag.
Das Leben auch.

»Aber was machst Du?«

Wundervolle Dinge
geschehen jeden Tag.
Schöne Frauen
lächeln Dich an.

»Aber Du siehst es nicht!«

Die Frau an Deiner
Seite, liebt Dich
grenzenlos und will
immer bei Dir sein.

»Aber Du fühlst es nicht!«

Öffne Dein Herz
und Deine Augen
dieser Welt.

»Aber vergiss es nicht!«

Foto: Jörg Eidner

Tagtraum

Wir laufen durch Wiesen,
klettern auf Felsen
und sitzen am Strand.

»Ich halte Dein Lächeln in meiner Hand!«

Wir schwimmen zusammen und
die Sonne glitzert auf dem Meer.
Du gleichst einer Nixe mit
goldenem Haar.

»Du hältst meine Träume in Deiner Hand!«

Du küsst die Tränen
aus meinem Gesicht
und ich weiß nicht,
ob Du wirklich bist.

»Oder nur ein Traum?«

Foto: Hagen Berger
(am Computer verfremdet)

Mittelpunkt

Autos rasen durch die Nacht.
Lichter am Horizont.
Nur der Mond lacht.

Die Welt zieht rasend
an uns vorbei und wir
brauchen nur die Hand
danach auszustrecken.

»Um ein Stück davon zu bekommen!«

Gedanken jagen durch meinen
Kopf, vermischen sich mit
Erfahrung und Erleben.

Bilder, Menschen,
Situationen, Lächeln,
Berührungen, Träume
ziehen an mir vorbei.

Was hält nur all das
zusammen und hilft mir:

»Mensch zu sein?«

Mensch sein

Das Leben ist Experiment
und Wunder zugleich,
jeden Tag aufs Neue.

Der Mensch in seiner Gesamtheit
ist wohl das größte Wunder, das
die Natur geschaffen hat.

Die Fähigkeit zu denken, zu fühlen,
alles zu einer Einheit zu verschmelzen,
ist eigentlich unfassbar und uns
nur zu selten oder niemals bewusst.

Was kann schon ein Mensch allein vollbringen
und was die gesamte Menschheit?
Statt sich mit Kriegen und Besitztümern zu
Befassen, könnte sie Unglaubliches vollbringen,
wenn sie es schaffte, wahre Reife und
Menschlichkeit zu erlangen.

Wiedergeburt

An manchen Tagen
überfällt Dich die
Vergangenheit.
Du denkst an Kindertage
zurück oder an alte Freunde.

Manchmal mit Sehnsucht und
Trauer nach der unbeschwerten Zeit.
Die erste große Liebe schmerzt
noch immer wie ein Stich ins Herz.

Man ist ausgeliefert und lässt sich
treiben im Taumel der Gefühle.
Tränen laufen über Dein Gesicht.
und Du spürst die Last des Alltags
wie ein großes Gewicht.

Nun fällt es ab von Dir, wie ein
alter schwerer Wintermantel
im Frühling.

Du steigst empor aus der Asche
der Vergangenheit und fühlst
all die Dinge, die noch auf Dich
zukommen werden.

»Wann und wo auch immer!«

Foto: Hagen Berger
(Cafe Drachenhaus – Potsdam Sanssouci)

Café Drachenhaus

Oft saß ich in diesem Café,
füllte mein Tagebuch mit Worten
und meinen Bauch mit Eis und
heißem Tee.

Aus dem Fenster heraus sah ich den
alten Weinberg und spürte den Hauch
der Vergangenheit an diesem Ort,
zwischen all dem Gelächter und
Gerede der Leute.

Bei Sonnenschein und Regen
weilte ich an diesem Ort.
Genoss den Augenblick
und wollte niemals von hier fort.

Manchmal mit Freunden und
manchmal allein, saß ich hier
und spürte das Leben, so wie
es ist, ohne Lüge und Schein.

In diesen Momenten wusste ich:
»Das Leben kann manchmal wundervoll sein!«

Mein Herz ist frei und treibt wie ein Boot ohne Anker
Tusche/Aquarell auf Reispapier
Jan Zaremba

Schiffe

Ein Schiff verlässt den Hafen.
Nebel zieht seine
Schleier am Horizont.
Menschen winken am Kai.

Jede Reise ist ein kleiner Abschied.
Bringt etwas Traurigkeit
und Ungewissheit mit sich.

Was passiert mit mir am
fremden Ort und wie weit
sind wohl die Freunde fort?
Einen Anruf entfernt oder
gar ein ganzes Leben?

Das Schiff zieht seine
Bahn durch den
endlosen Ozean, in
helles Mondlicht getaucht.

»Ich spüre die Größe und Faszination des Augenblicks.«

Foto: Jo Grabowski

Gibt es einen Gott?

Du hast die Sterne gesehen.
Du hast all die schreienden
Menschen gesehen.

»Hast Du all ihren Schmerz gefühlt?«

Da stehst Du nun zwischen den
Menschen und weißt nicht wohin.
Du spürst den unerträglichen
Schmerz Tausender Menschen.

Wie kannst Du nur weiterleben,
mit all dem Schmerz und dem
Wissen um die Menschheit?

Wenn es Dich gibt, dann
bist Du in uns allen und
nicht in kalten Kirchen oder
vertrockneten Gräbern.

Sind wir Deine Geschöpfe?
Oder sind wir es nicht?

Sind wir dem Meer entronnen,
um uns ständig gegenseitig
kaputtzumachen oder
uns auszulöschen?

»Oder ist da noch mehr, wofür es sich zu leben lohnt?«

Foto: Jo Grabowski

Die Suche nach dem Lächeln

Du läufst durch endlose Straßen.
Sitzt in gefüllten Cafés.
Liegst am Strand in grellem
Sonnenlicht.

»Aber wo ist das Lächeln, das Dein Herz erwärmt?«

Du betest zu Gott in
dunklen Kirchen.
Du sitzt in wundervollen Parks,
wo die Blätter der Bäume
im Wind singen.

»Wo ist nur das Lächeln, das Dein Herz erwärmt?«

Du wandelst durch alte
Schlösser und Burgen.
Durchstreifst Felder und Wälder.

Doch eines Tages
wird sie vor Dir stehen:

»Mit dem schönsten Lächeln der Welt!«

Treiben im All

Grüne Wälder,
tosende Brandung.
Der erste Sonnenstrahl
kitzelt den Tag.

All das erinnert
mich an Dich.
Was Du wohl denkst
in diesem Moment?

Ich laufe schreiend
durch Straßen und
niemand hört mir zu.

Wo sind all die Leute hin?
Bin ich allein im Universum?

»Oder nur in der falschen Zeit?«

Florida Lady

Oft liegt sie am Strand,
genießt das Raunen der Wellen.
Sonnenlicht streichelt
sanft über ihre Haut.

Wind weht durch ihr Haar
und sie spürt die Blicke
der jungen Männer,
die sie überallhin
begleiten.

Auf Partys liebt sie es
zu tanzen und den
kühlen Duft der Nacht
zu spüren.

Sie liebt das Leben und die
Sonne, aber manchmal
wünscht sie sich einen
jungen Gentleman,
der Ihr Herz erwärmt.

Der sie so liebt, wie sie ist,
und nicht das, was sie
zu sein scheint.

Wo kann sie ihn finden?
Wo mag er nur sein?

»Dieser Traum muss nicht nur Hoffnung sein!«

Foto: Jo Grabowski

Schwarzer Montag

Regen fällt auf die Straßen,
wie Tränen aus dem
Himmel der Traurigkeit.

Du sagtest Ihr:

»Da ist eine andere Frau«,

mit Schmerz in der Seele,
denn Du fühlst ihre
Traurigkeit in dir.

Du wolltest sie nicht verletzen.
Du wolltest sie nicht verlieren.
Aber die Wahrheit schmerzt
manchmal mehr als Lügen.

Selber verstehst Du nicht,
was mit Dir passiert.

»Liebe kommt, Liebe geht.«

»Kann man zwei Frauen lieben?«

All das passierte an einem
Montag voller Regen im Mai.

Tanzendes Feuer

Du lächelst für eine
Sekunde und es kommt
mir vor wie ein ganzes Leben.

Das Feuer in Deinen Augen
entzündet tausend Flammen
in mir und ich möchte mit
Dir bis ans Ende der
Welt gehen.

All die Bilder von Dir
leben in mir und machen
jede Sekunde ohne Dich
unerträglich und leer.

Bitte lass mich dieses
Gefühl niemals verlieren,
nimm mich in Deine Arme
und lass mich nie wieder los.

Ich will nicht sprechen.
Ich will nicht denken.

Alles, was ich will, ist:

»Dich zu fühlen, ganz tief und für immer, bis ans Ende der Zeit!«

Das Meer

Manchmal berührt es
sanft den Strand.
Manchmal auch wild
und stürmisch.

Am Abend taucht
die Sonne hinein
mit funkelndem Glanz.

Schiffe schaukeln auf den Wellen
und ihre Lichter spiegeln sich
wie Sterne in der Dunkelheit.

Menschen wandern am Strand.
Andere lieben sich im Sand.
Manchmal führt uns das Meer
in ein unbekanntes Land.

Foto: Hagen Berger
(Stadthafen von Lübeck)

Flucht

Manchmal, wenn ich am Meer
spazieren gehe und die Schiffe
am Horizont sehe, möchte ich
gern mitfahren mit irgendeinem
dieser Schiffe.

Du schleichst Dich an Bord
eines Schiffes, als blinder Passagier,
und Dir ist es egal, wohin es fährt.

Du willst einfach nur weg in ein
unbekanntes Land und niemals
zurückkehren.

Du willst alles hinter Dir lassen.
Neu anfangen
als neuer Mensch an einem
unbekannten Ort.

»An solchen Tagen willst Du einfach nur fort!«

Das Feuer in mir

Ich halte Dich in
meinen Armen
und spüre Deine
zärtliche Sehnsucht.

Deine Augen und Deine
Lippen berühren mich,
entfachen das Feuer der
Leidenschaft.

Deine Nähe wärmt mein
Herz und meine Seele,
stärker als es je
ein Sonnenstrahl
vermochte.

Deine Zärtlichkeit umhüllt
mich wie ein Mantel des
Glücks und ich wünsche mir:

»Dass dieser Augenblick niemals vergeht!«

Begegnung am Strand

Ich gehe langsam am Strand
entlang und spüre die Blicke
von Frauen auf mir ruhen.

Eine hübsche junge Frau kommt
auf mich zu und ihre kleine
Tochter läuft neben ihr.

Je näher sie kommt, desto mehr
fasziniert mich ihr Anblick.
Sie läuft an mir vorbei mit einem
sanften Lächeln und versucht,
in meinem Gesicht ein Zeichen
der Beachtung aufzufangen.

Ich lächle ein wenig und sie auch,
schon sind wir wieder einige Meter
voneinander entfernt.

Ich spüre ein wenig Traurigkeit nach
dieser Begegnung und stelle mir vor,
wie dieser kurze Moment auch:

»Anders - oder besser hätte ausgehen können!«

Der Tag am Meer

Ich liege am Strand
im warmen weichen Sand.
Lausche der Musik
der Wellen.

Sanft weht der Wind
über mich hinweg.
Die Sonne wärmt
zärtlich meine Haut.

Menschen laufen am
Wasser entlang.
Andere liegen
sonnenlüstern im Sand.

Ich gehe zum Wasser hin,
die Wellen umspülen
sanft meine Füße.
Ich schaue hinaus zum
Horizont und sehe die
Schiffe da draußen.

All meine Probleme
und Sorgen fallen
ab von mir in
diesem Moment.

»Ich genieße einfach den Tag am Meer!«

Das ewige Feuer

Schwarzer Regen fällt vom Himmel,
vermischt sich mit der Asche
der Vergangenheit.
Du fühlst den Schmerz
vergangener Tage.

Dein Herz, Dein Kopf,
Dein Bauch und jeder
Winkel Deiner Seele
sind voll von Schmerz.

Ihr letztes Lächeln, bevor
sie fortging, brennt in Dir
wie das Feuer der
Unendlichkeit.

Manchmal willst Du sterben,
manchmal willst Du weinen
und manchmal willst Du lachen.

»Aber all das bringt Sie nicht zurück zu Dir!«

Am Rande des Denkens
Tusche auf Reispapier
Jan Zaremba 1993

Der Träumer

Du hast die andere Seite des Mondes gesehen.

»im Traum.«

Du hast viele glückliche und zufriedene
Menschen gesehen

»im Traum.«

Du hast wundervolle Orte gesehen

»im Traum.«

Du hast das schönste Lächeln einer
Frau gesehen

»im Traum.«

Du hast all die Freunde aus vergangener Zeit gesehen

»im Traum.«

Du hast die größte Liebe aller Zeiten gefühlt

»im Traum.«

Du hast die Musik von Feen gehört

»im Traum.«

»Nenn mir einen Grund, warum Du jemals
aufwachen solltest?«

Zukunft

Du überquerst die Straße
von morgen und siehst
Dein Spiegelbild im
Wandel der Zeit.

Erst kindliche Gesichtszüge,
dann knabenhafte mit
lachenden Augen.

Später dann Tränen, nach der
ersten verlorenen Liebe an der
Schwelle des Erwachsenseins.

Glückliche Augen bei der Geburt
Deines Kindes und immer wieder
Traurigkeit mit jeder Liebe,
von der Du Abschied nimmst.

Heute siehst Du Dich mit einem
lachenden und einem weinenden
Auge, aber Du bist gespannt
auf jeden neuen Tag und auf:

»Die Dinge, die da noch kommen werden!«

Das Schiff der Träume

Das Schiff nach nirgendwo hat
alles und jeden an Bord.
Menschen, Tiere, die Zeit,
das Licht, die Träume
und alles, was uns wichtig ist.

Wer steuert das Schiff?
Wer weiß den Kurs?

Plötzlich ein wundervolles
Licht am Horizont, das
tausend Regenbogen gleicht.

Wir fahren dem Licht entgegen
mit einem wundervollen
Lächeln im Herzen.

Was wird uns dort erwarten?
Sind wir dann endlich am Ziel
unserer Reise nach Tausenden
von Jahren?

»Wir werden es wissen, wenn wir
das Licht berühren!«

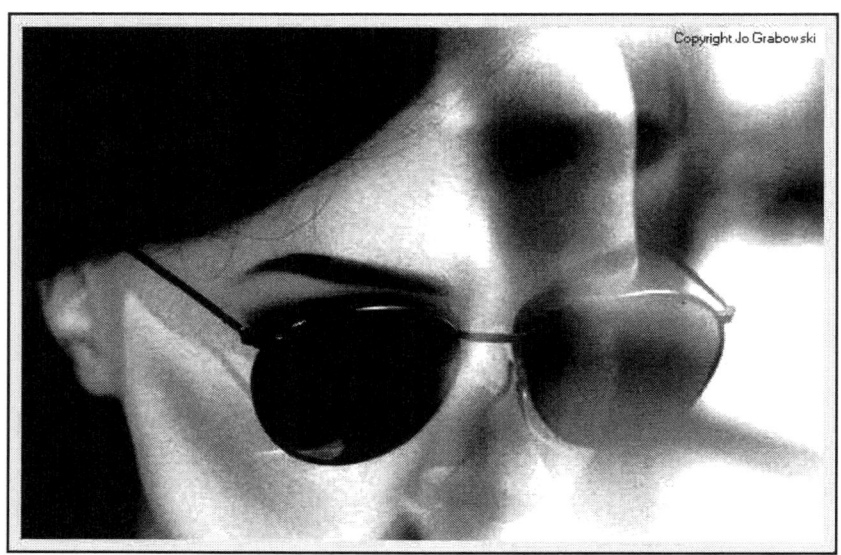

Foto: Jo Grabowski

Dein magisches Lächeln

Ein Lächeln hat mich zu Dir geführt
und nun möchte ich wissen,
wer Du wirklich bist.

Ich sah Dich in diesem kleinen Café
und niemand erregte Deine
Aufmerksamkeit.

Als Du mich siehst, wirfst Du mir ein
Lächeln zu, das mich völlig aus
der Bahn wirft.

Was soll ich nur machen
wie sage ich es ihr?

Gehe ich zu ihr rüber?

Nun sitze ich an Deinem Tisch,
sehe in Deine Augen
und warte auf wundervolle Worte
aus Deinem Mund.

Foto: Hagen Berger (Metropoliskulisse im Filmpark Babelsberg
zum Film von Fritz Lang)

Metropolis

Ein Schlafender in Metropolis,
der Tempelwächter des
Grals der Liebe.

Metropolis, einst versunken
im Meer der Dunkelheit.

Der Wächter schläft dort bis
zum Tag des Jüngsten Gerichts,
wenn das Licht über die Dunkelheit
siegt und die Liebe all die Finsternis
in unserem Leben auslöscht.

Wann wird der Tag kommen, an dem
Metropolis emportaucht aus
der Finsternis und alles bisher
Geschehene in Frage stellt?

Wird dann all unsere Sehnsucht
nach Leben und Liebe gestillt?

Wird es uns helfen, zu unserem
wahren Ich durchzudringen?

Rembrandts Traum
Tusche auf Reispapier
Jan Zaremba 1993

Japanisches Gemälde

Meine Augen berühren eine
japanische Berglandschaft im Hochnebel,
im Tal sehe ich Bambushäuser, die sich
sanft an den Fluss schmiegen,
wie Seide im Sommerwind auf der Haut
einer schönen Frau.

Das Bild strahlt Ruhe aus und Sehnsucht
nach innerem Frieden.

Es beruhigt meine Seele und führt mich
an einen unbekannten Ort, den ich
nur im Geiste besuchen kann.

Es ist schön, dort zu verweilen,
in die Farben des Ortes zu tauchen
und den Geist auf Wanderschaft
zu schicken.

All die irdischen Dinge fallen
von Dir ab und Du fühlst Dich
wie in einer anderen Welt,
aller Sorgen enthoben und frei.

Fragment eines Traums

Ein Vogel erhebt sich in die Lüfte.
Kinder flüstern im Schnee.
Frauen lachen über Männer
und trinken dazu Tee.

Blutrote Sonne beschert uns die Nacht.
Wo haben wir wohl die letzte verbracht?

Ein großes Lächeln hält uns gefangen
und wir suchen den Sinn in den
Dingen die wir tun, denn der Sinn
ist uns verloren gegangen.

Bild einer unbekannten Frau

Deine Augen strahlen wie Diamanten im Mondlicht.
Dein Lächeln versüßt mir den Schmerz der Sehnsucht.
Dein Haar schmiegt sich feenhaft um Deine Schultern.
Deine Lippen schüren das Feuer des Verlangens in mir.

Dein Bild hat mich verzaubert und nun bin ich hier:

»Allein und voller Sehnsucht nach Dir!«

Foto: Roger Melis
(aus dem Buch „Paris zu Fuß")

Foto: Roger Melis
(aus dem Buch „Paris zu Fuß")

Das Tor der Schatten

In dunkler Nacht fandest Du
das Tor der Schatten.
Manchmal berührst Du es.
Manchmal gehst Du vorbei.

Du hast Angst es zu betreten,
denn wenn Du es betrittst,
kannst Du nie mehr zurück
in Deine Welt.

Es zieht Dich an
und fasziniert Dich.
Aber Du willst noch nicht
in die andere Welt gehen.

Manchmal hasst Du Deine Welt.
Mit all der Arroganz und Kälte.
Dann möchtest Du gerne
durch das Tor gehen und
alles hinter Dir lassen.

Aber Du liebst diese Welt,
mit ihren Sonnenaufgängen.
Das Lächeln schöner Frauen
und wahrhaftige Menschen.

»Ich denke, das Tor sollte auf Dich warten, bis die Zeit
dafür reif ist!«

Foto: Jo Grabowski

Maskenball

Alles ist Lüge.
Alles ist Schein.
Wo nur können die
Menschen
Menschen sein?

Alle tragen Masken,
um sich selbst nicht
sehen zu müssen.

Weit in der Ferne liegt
ein Land, wo all die
Masken hängen an einer
wundervollen Wand.

Hier ist die Seele
ohne Schein.
Hier darf sie ehrlich
und wahrhaftig sein.

Landschaft
Jan Zaremba

Fluss der Worte

Worte fließen im Wind.
Im Dunkel schreit ein Kind.
Alles durchläuft einen Kreis,
der sich niemals schließt.

Das Leben ist ein fließendes Element,
manchmal gehen wir darin unter
voller Lust und Leidenschaft.

Manchmal tröstet uns die Poesie des
Augenblicks über die Unzulänglichkeit
des Alltags hinweg.

Die Magie des Wortes hilft
uns manchmal die Träume
vergangener Tage wieder zu finden.

Worte halten uns fest
und geben uns Sinn.
Manchmal führen sie uns auch
zu anderen Orten oder
Welten hin.

Ostersonntag

Ich erwache am Morgen,
denn Sonne kitzelt mein
Gesicht.

Aus der Ferne dringt
Musik an mein Ohr
und streichelt meine
Seele.

Der Duft von Frühling
liegt in der Luft
und verführt mich
zu einem Spaziergang:

»Im Wald oder an der See!«

Der Frühling malt das
erste Grün auf Bäume
und weiße Blumen
auf die Wiesen.

Ich spüre die Kraft des
Frühlings und hoffe,
dass dieser Tag:

»Niemals aufhört zu sein!«

Kino

Der Vorhang geht auf.
Das Licht geht aus.
Stille greift um sich
im Saal.

Bilder und Musik
beleben Deine Sinne.
Du tauchst hinab
in eine andere Welt.

Action, Liebe oder Sehnsucht
springen Dich an.
Fesseln Dich wie einen
Tiger im Netz.

Der Vorhang geht zu.
Das Licht geht an
und mit einem mehr
oder weniger guten Gefühl
gehen wir nach Hause.

Der Film, der Dich berührt

Erst hältst Du Dich kühl auf Distanz.
Später lässt Du Dich auf seine Bilder
und Emotionen ein.

Langsam und sanft gibst Du Dich ihm
hin — spürst all die Emotionen und Ängste
der Helden und Verlierer.

Du tauchst hinein in die Bilder
des Films und lebst in ihnen.
Du lässt Dich von ihnen treiben
wie ein Boot in einem wilden Gewässer.

Du fühlst und berührst diese Welt aus
Bildern und Emotionen. Das Ende des
Films lässt Deine Tränen trocknen und
mit dem Licht im Saal kehrst Du in
Deine Welt zurück.

»Die oft um sehr viel weniger
spektakulär ist als die des Films.«

Dalí oder die Suche nach der 4. Dimension

Farben und Bilder springen
Dich an und setzen sich fest.
In Deinem Geist und Deiner Seele.

Dinge ändern sich.
Dimensionen
verschieben sich.
Du versinkst in Dir.

Wo bin ich hier?

Stehe neben mir
oder über mir.
Falle ins Nichts und
doch bin ich hier.

Realität geht eine Bindung
ein mit der kalten Seele
des unendlichen Raums.

»Wann bin ich wohl am Ende
dieses merkwürdigen Traums?«

Foto: Jo Grabowski

Gevatter Tod und Ich

Eines Nachts trafen sich der Tod
und ich auf einer Wiese.
Im Mondlicht zwischen
den Welten.

Er sprach von den Vorzügen
der anderen Welt.
Er hätte gern eine Reise für mich
dorthin bestellt.

Wir gingen aufeinander zu.
Ich sah ihm in die toten, kalten Augen
und Kälte umfing meine Seele,
die mich erschauern ließ.

Der Gedanke war verlockend,
die Trauer meiner Seele
wegzuführen von dieser Welt.

Aber mein Ticket für
ein farbenfrohes Leben
war bereits bestellt.

Der Gedanke an die Freuden
des Lebens brachte wieder
Licht in meine Seele.
Regenbogenfarbene Wesen
tanzten um mich herum.

Wütend und von schwarzen Wesen
der Dunkelheit umgeben,
verlässt Gevatter Tod
diese, meine Welt.

Foto: Jo Grabowski

Die Jagd nach Deinem Traum

Du hast sie verloren nachts im Wald.
Du bist jetzt allein.
Wo mag sie nur sein?

Manchmal siehst Du
ihren Schatten in der Ferne
zwischen Bäumen wandeln.

Sie entzog sich Dir
nach einem Wort.
Einst liebtest Du diesen
geheimnisvollen Ort.

Doch jetzt ist alles grau und dunkel,
denn mit ihr sind
auch Deine Träume fort.

Nachwort

Ich danke allen, die an diesem Buchprojekt mitgewirkt haben.
Dass diese Texte endlich aus meiner Schublade ans Licht der
Öffentlichkeit kamen, freut mich sehr.

Die Texte haben Sie vielleicht ein wenig der Welt
entrückt und Sie hatten hoffentlich viel Spaß
beim Lesen.

Die Worte in meinem Geiste werden nun weiterziehen
zu anderen Orten und Welten, um Sie vielleicht
wieder in eines meiner nächsten Bücher zu
entführen.

Hagen Berger